Pour être tenu au courant de nos publications, envoyez vos coordonnées à :

edition@laplage.fr
www.laplage.fr

ISBN : 978-2-84221-289-6
Conception graphique : David Cosson - dazibaocom.com
Correction : Clémentine Bougrat
Photogravure : Atelier Six, Montpellier

Imprimé sur du papier issu de forêts gérées durablement,
à Barcelone, sur les presses de Beta (ES), imprimeur labellisé
pour ses pratiques respectueuses de l'environnement.

FSC
MIXTE
Papier
FSC® C112206

DÉLICES DÉSHYDRATÉS

CUIRS DE FRUITS • CHIPS DE LÉGUMES • CRACKERS

TEXTES ET PHOTOGRAPHIES DE LINDA LOUIS

éditions la plage

ET SI JE VOUS PROPOSAIS DE CUISINER DE MANIÈRE DIFFÉRENTE ?

Encore que, si l'on s'en tient à la racine étymologique du mot « cuisiner » (du latin *coquere*, « cuire, rôtir »), il ne s'agit pas de cela. En lisant le titre de ce livre, vous avez certainement compris qu'il est plutôt question ici de faire sécher des aliments et diverses préparations. Tranches fines de légumes, pâtes à biscuits salées, fruits crus mixés et autres mélanges de céréales et de graines ne sont pas cuits traditionnellement au four à 180 °C, mais déshydratés à très basse température (47 à 50 °C).

J'ai expérimenté cette nouvelle cuisine durant des mois. J'avoue avoir été déroutée au départ. Tous mes mécanismes et mes tours de main ont été bousculés, de la préparation à la dégustation. Mais à aucun moment je ne me suis lassée de procéder à ces essais qui se sont transformés, presque chaque fois, en véritable aventure et satisfaction culinaire.

Tout cela a débuté lorsque j'ai vu la photo d'une grande « crêpe » de fruits dans le livre de Pam Corbin, *Petites Conserves d'une ferme bio*[1]. Après avoir réalisé et goûté cette recette de cuir de fruits intrigante, j'ai été époustouflée. Son goût intense de fruits, proche de celui de la pâte de fruits (mais sans son excès de sucre), et sa texture malléable comme du cuir (le nom est vraiment bien trouvé !) m'ont conquise d'emblée. Pour une fois, je laissais ma fille grignoter à loisir des bonbons !

Peu à peu, je me suis penchée sur la question de la cuisine déshydratée, ou plus exactement de l'alimentation vivante. À la maison, nous connaissons le concept puisque nous sommes fans de graines germées et que nous mangeons autant que possible nos fruits et nos légumes crus. Seulement, je n'avais pas mené la réflexion plus loin et je n'imaginais pas les diverses possibilités qu'offre cette cuisine : des cuirs de fruits donc, mais aussi des chips, des crackers ultracroustillants, de délicieuses barres de céréales… sans cuisson ! Le mouvement *raw* (comprenez « cru », « brut ») est bien connu outre-Atlantique, puisque de nombreux blogs culinaires et restaurants proposant spécifiquement des menus crudivores s'y développent. En France, il en est encore à ses balbutiements…

Au-delà d'un intérêt nutritionnel certain, cette cuisine d'un nouveau genre comporte de multiples avantages : longue conservation, large palette de saveurs, de textures et de couleurs, facilité d'exécution (même avec les enfants), créativité culinaire…

J'espère que ces quelques pages vous donneront envie de plonger dans cet univers gourmand, plein de fantaisie et respectueux des aliments, que nous avons probablement trop tendance à échauffer !

[1]NDE : publié aux éditions La Plage en 2011.

SOMMAIRE

LA DÉSHYDRATATION EN QUESTIONS

Quelle méthode pour déshydrater les aliments ?

Plusieurs solutions s'offrent à vous. Au départ, vous serez tenté de faire des essais au four, juste pour voir. Au fil du temps et en fonction de vos besoins, vous opterez peut-être pour un séchoir solaire ou un déshydrateur.

En ce qui me concerne, j'ai réalisé il y a quelques années mes premiers tests de séchage au soleil, qui se sont révélés très satisfaisants (des tomates fendues en deux, disposées sur une grille et recouvertes d'une toile fine, parfaitement sèches au bout de 3 jours). La plage arrière de la voiture m'a parfois dépannée, mais il fallait souvent ouvrir les portes pour faire circuler l'air ! Bien entendu, quand l'automne pointait le bout de son nez, je me rabattais sur un séchage à l'ancienne, c'est-à-dire près des radiateurs et de la cheminée. Puis, l'idée d'investir dans un déshydrateur s'est révélée comme une évidence. La quantité de champignons et de plantes sauvages que je cueille a conforté cette décision.

Afin de vous faire une idée plus précise, je vous ai listé plus loin les avantages et les inconvénients des différentes méthodes de séchage (voir le tableau page 9).

Alors, déshydrateur ou non ? Commencez par évaluer vos besoins. Si vous avez un grand potager, si vous faites de belles récoltes de fruits ou de champignons sauvages, si vous aimez le goût intense des aliments séchés ou si vous souhaitez opter pour une alimentation plus saine ainsi qu'un mode de conservation économique, pratique et peu risqué, peut-être pouvez-vous envisager d'acquérir un déshydrateur.

Pour ma part, plutôt que d'acheter un appareil d'entrée de gamme dont la durée de vie ou l'efficacité aurait été limitée, j'ai préféré acheter une bonne référence, pour un résultat optimal.

Four ou déshydrateur : qui consomme le moins d'énergie ?

Cette question revient très souvent, alors pour tirer les choses au clair, j'ai décidé d'investir dans un wattmètre. C'est un petit boîtier qui permet de connaître la consommation électrique de nos appareils ménagers. On le branche sur la prise murale du secteur, puis on branche l'appareil dessus. Sur l'écran s'affiche la dépense énergétique en watts et en euros. Pratique, non ?

- **Pour un déshydrateur qui tourne à** 50 °C (500 W), on dépense en moyenne 6 centimes par heure, soit 24 centimes pour 4 heures d'utilisation, sachant que ce prix est à diviser par le nombre de plateaux du déshydrateur. Par exemple, si vous déshydratez en même temps 5 cuirs de fruits, chacun reviendra à environ 5 centimes ; il vous en coûtera environ 2,5 centimes pour 9 cuirs.
- **Pour un four à chaleur tournante qui tourne à 50 °C (80 W)**, on dépense en moyenne 2,2 centimes par heure, soit environ 9 centimes pour 4 heures d'utilisation. Comme le four ne comprend pas autant de plateaux qu'un déshydrateur (maximum 3 grilles), un cuir de fruits y revient à 3 centimes. **Notez cependant que la durée de séchage des recettes au four est un peu plus longue qu'au déshydrateur.**

En somme, le déshydrateur est intéressant au plan énergétique, à condition d'optimiser son emploi en utilisant un maximum de plateaux et de s'en servir régulièrement pour amortir son prix d'achat. Le four n'est pas aussi énergivore que l'on croirait, alors pour ceux qui hésitent encore à le faire tourner, même à basse température, lancez-vous !

À quelle température déshydrater les aliments pour préserver les nutriments ?

Tout d'abord, qu'entend-on par « nutriments » ? Ils regroupent les vitamines, les fibres, les enzymes et les sels minéraux naturellement présents dans les fruits et les légumes crus. À la cuisson, une majorité d'entre eux se dégrade (surtout les vitamines B et C). L'objectif de la déshydratation est de préserver au maximum ces nutriments et d'offrir ainsi à notre organisme une alimentation plus riche, plus énergétique.
De manière générale, les professionnels de la nutrition estiment que le processus de séchage débute à 40 °C et celui de cuisson, au-delà de 65 °C.
Pour que les aliments se déshydratent dans les meilleures conditions, il convient d'élever au départ la température de séchage à 60 à 63 °C. Ainsi :

- les micro-organismes responsables de la dégradation des fruits ou des légumes sont inactivés ;
- la vapeur d'eau s'échappe des aliments à un rythme efficace ;
- le processus d'oxydation est stoppé ;
- la température à cœur des aliments, qui contiennent encore de l'eau, ne dépasse pas 47 °C, valeur idéale pour la déshydratation.

Les adeptes de l'alimentation vivante vont plus loin dans l'analyse nutritionnelle du séchage des aliments. Sur la base des recherches du docteur Edward Howell[2], ils souhaitent préserver au maximum les enzymes digestives, qui commencent à se dégrader entre 42 et 47 °C. Celles-ci facilitent la digestion des aliments et par conséquent l'absorption des nutriments. En leur absence, c'est notre organisme qui doit les produire lui-même. Ce phénomène engendrerait un appauvrissement de nos réserves vitales et favoriserait ainsi l'apparition de diverses maladies.
Que l'on se fonde sur les données des nutritionnistes conventionnels ou des crudivores, on peut affirmer que la déshydratation des aliments préserve plus de nutriments que la cuisson et maintient en grande partie leur potentiel anticancérigène (surtout chez le chou).
Le réglage minutieux de la température est réalisable à partir des déshydrateurs standard, mais aussi de certains fours de précision. Toutefois, si votre four dispose d'un thermostat plus aléatoire, ne vous privez pas de l'utiliser et lancez la déshydratation à 50 °C, c'est aussi très bien comme cela !

Quels sont les aliments comestibles crus ?

- **Céréales** (blé, épeautre, quinoa, sarrasin…) et légumineuses (alfafa, fenugrec, lentille, soja vert…) : à condition qu'elles soient germées.
- **Fruits** : tous, à l'exception du coing et de la rhubarbe.
- **Légumes** : ail, asperge, aubergine (raisonnablement et de temps en temps), chou, courge, courgette, fève, haricot vert (extra-frais, fin et raisonnablement), légumes racines (betterave, carotte, céleri, chou-rave, navet, panais, radis, rutabaga), oignon, patate douce, petit pois, poivron, topinambour.

[2] Relayées entre autres par Ann Wigmore et Victoras Kulvinskas, fondateurs de l'Institut Hippocrate et figures emblématiques du mouvement crudivore depuis les années 1960.

MÉTHODES DE SÉCHAGE	AVANTAGES	INCONVÉNIENTS
CHALEUR DU SOLEIL	Aucun coût énergétique. Aucune nuisance sonore.	Séchage parfois aléatoire (surtout pour les crackers et les biscuits, qui demandent un séchage uniforme pour éviter la fermentation). Utilisation possible uniquement en été ou dans les régions ensoleillées et peu humides. Logistique (rentrer les plateaux chaque soir).
SÉCHOIR SOLAIRE	Aucun coût énergétique. Aucune nuisance sonore. Grande capacité de séchage. Facilité d'utilisation.	Les mêmes qu'avec la chaleur du soleil. Coût de la fabrication du séchoir.
FOUR	Matériel déjà acheté. Faible consommation énergétique. Peu de nuisances sonores. Séchage relativement uniforme.	Faible capacité de séchage (2 à 3 grilles). Monopolisation du four sur des durées parfois longues. Durée de séchage plus longue qu'au déshydrateur.
DÉSHYDRATEUR	Très grande capacité de séchage. Faible consommation énergétique, à condition d'utiliser un maximum de plateaux. Séchage uniforme et plus rapide qu'au four. Facilité d'usage avec le réglage précis du thermostat. Facilité d'entretien de l'appareil.	Coût de l'appareil et des accessoires (entre 100 et 600 €). Volume de l'appareil (nécessité d'avoir un grand plan de travail ou un meuble adapté). Nuisances sonores de certains appareils (nécessité de les placer loin de la pièce de vie et des chambres).

CHIPS

DE LÉGUMES ET DE FRUITS

DES PÉTALES SI LÉGERS !

Légers mais très nourrissants... Gardez bien en mémoire que vous consommez des chips crues et que contrairement à la version cuite, elles ont gardé beaucoup de nutriments et de fibres. Une fois portées à la bouche, elles croustillent puis se réhydratent peu à peu au contact de la salive. Ce phénomène induit naturellement un temps de mastication plus long et cela tombe plutôt bien. Notre estomac reçoit ainsi l'information en amont et se prépare à faire son travail, sans stress !

Le matériel

• **Une mandoline :** tout le monde ne dispose pas d'un tel ustensile et pourtant, il fait partie de la batterie de cuisine des pros ! Si vous en achetez une de qualité (en Inox) et si vous en prenez soin (nettoyage à l'eau claire et essuyage avec un chiffon doux), vous la garderez toute votre vie. La mandoline permet de détailler en fines tranches les légumes ou les fruits afin de réaliser des chips. Plus vous en réduisez l'épaisseur, plus elles seront croustillantes. Autre avantage : vous raccourcirez ainsi le temps de séchage.

• **Un rouet (voir page 20, roses de pomme) :** cet appareil n'est pas indispensable mais il permet de réaliser des spirales et des rubans. Non seulement c'est amusant (surtout pour les enfants), mais c'est aussi un moyen de varier les présentations de chips.

1. Lavez le légume ou le fruit (dans la mesure du possible, ne l'épluchez pas pour profiter des nutriments de la peau).
2. Découpez-le en tranches très fines.
3. Disposez les tranches dans un saladier et brassez-les avec de l'huile, du sel et des épices.
4. Mettez-les à plat sur le plateau du déshydrateur recouvert d'une feuille Teflex ou sur la plaque du four chemisée de papier sulfurisé et laissez sécher de 4 à 18 heures (selon le produit choisi).
5. À mi-séchage, retirez la feuille pour permettre à l'air de mieux circuler et faciliter la désydratation. Les chips sont prêtes quand elles cassent net.

Quelques conseils

- Choisissez des légumes et des fruits frais (donc croquants) pour faciliter le découpage à la mandoline.
- N'ayez pas la main trop lourde sur les épices. La surface de chair réduit au séchage, mais pas la quantité d'épices !
- N'ajoutez pas plus de 1 petite cuillerée à café d'huile pour 250 g de légumes. Elle ne s'évapore pas au séchage et rendrait les chips molles, malgré de longues heures de déshydratation.
- Conservez vos chips dans une boîte hermétique ou des sachets en plastique (6 mois). Avec le temps, elles ramolliront forcément. Il suffit de les déshydrater à nouveau, 1 ou 2 heures à 47 °C, pour leur redonner du croustillant.

CHIPS DE PATATE DOUCE AU COLOMBO

Eh oui, la patate douce est comestible crue ! Son goût de carotte, rehaussé par un soupçon de colombo, est particulièrement savoureux.

Pour 4 personnes

250 g de patates douces
1 c. à c. d'huile d'arachide
1 c. à c. bombée de colombo
3 pincées de sel

• Préparation : 20 min •
• Séchage : 9 h (2 plateaux) •
• Conservation : 3 mois •

1. Épluchez les patates douces. Prélevez de très fines rondelles (1 mm d'épaisseur) à l'aide d'une mandoline.
2. Disposez-les dans un saladier. Ajoutez l'huile d'arachide, le colombo et le sel. Brassez longuement.
3. Disposez-les à plat sur 2 plateaux du déshydrateur ou sur les plaques du four. Laissez se déshydrater pendant 9 heures à 47 °C.

CHIPS DE NAVET BOULE D'OR

En choisissant la variété boule d'or, vous serez séduit par ses notes terrestres, sans aucune amertume.

Pour 4 personnes

250 g de navets
15 g de persil plat
2 gousses d'ail
1 c. à c. d'huile de tournesol
3 pincées de sel

• Préparation : 20 min •
• Séchage : 11 h (2 plateaux) •
• Conservation : 1 mois •

1. Lavez les navets. Retirez leur pédoncule vert. Prélevez de très fines rondelles (1 mm d'épaisseur) à l'aide d'une mandoline.
2. Épluchez l'ail et prélevez la pulpe avec un presse-ail. Mettez-le au fond d'un saladier, avec le persil haché, l'huile de tournesol et le sel. Mélangez. Ajoutez les rondelles de navet puis brassez longuement.
3. Disposez-les à plat sur 2 plateaux du déshydrateur ou sur les plaques du four. Laissez se déshydrater pendant 11 heures à 47 °C.

STICKS D'AUBERGINE ÉPICÉS

Manger de l'aubergine crue, qui l'eût cru ? À consommer tout de même avec modération, étant donné la présence de solanine, substance toxique à haute dose. L'aubergine séchée et apprêtée avec des épices forme un substitut du bacon grillé très apprécié des végétaliens.

Pour 4 personnes

2 aubergines (500 g)

1 c. à c. rase de sel

2 c. à s. de paprika

1 c. à c. rase de piment d'Espelette en poudre

1 c. à s. d'huile d'olive

1 c. à s. de sucre de canne complet

• Préparation : 1 h 40 •
• Marinage : 1 h •
• Séchage : 20 h (2 plateaux) •
• Conservation : 6 mois •

1. Lavez les aubergines. Retirez leur pédoncule.
2. Détaillez-les en tranches fines (2 à 3 mm d'épaisseur) à l'aide d'une mandoline.
3. Saupoudrez-les de sel. Disposez-les dans une grande passoire sous laquelle vous aurez placé une assiette creuse. Laissez dégorger pendant 1 heure.
4. Épongez-les avec du papier absorbant.
5. Dans un grand plat creux, mélangez les épices, l'huile d'olive et le sucre de canne complet.
6. Faites pénétrer la pâte obtenue dans les tranches d'aubergine. Laissez-les mariner à température ambiante pendant 1 heure.
7. Disposez-les sur 2 plateaux du déshydrateur ou sur les plaques du four.
8. Laissez se déshydrater pendant 20 heures à 47 °C.

CHIPS DE CHOU VERT À LA MOUTARDE

Des chips légères, étonnamment croustillantes et recouvertes de paillettes de moutarde !

Pour 4 personnes

300 g de feuilles de chou frisé

2 c. à s. rases de moutarde

6 c. à s. d'eau

• Préparation : 15 min •
• Séchage : 4 h (3 plateaux) •
• Conservation : 1 mois •

À noter : cette recette fonctionne également avec le chou kale (prononcez « kaile »), aux feuilles frisées.

1. Lavez les feuilles de chou. Dans un saladier, mélangez la moutarde et l'eau. Ajoutez le chou et mélangez le tout.
2. Disposez les feuilles de chou sur 3 plateaux du déshydrateur ou sur les plaques du four. Laissez se déshydrater pendant 4 heures à 47 °C.

POP-CORN DE CHOU-FLEUR

Ces petits bouquets de chou-fleur déshydratés sont très croustillants. Diversifiez les plaisirs en choisissant des variétés colorées (jaune, violette...).

Pour 4 personnes

1 petit chou-fleur

1 c. à s. de graines de tournesol

1 c. à c. rase de sel

• Préparation : 30 min •
• Séchage : 10 h (2 plateaux) •
• Conservation : 1 semaine •

1. Détaillez le chou-fleur en petits bouquets de la taille d'une noisette. Retirez les tiges trop épaisses.
2. Lavez les bouquets, puis séchez-les sur un torchon. Disposez-les dans un saladier.
3. Mixez finement les graines de tournesol et le sel. Ajoutez ce « gomasio » au chou-fleur et mélangez bien le tout.
4. Disposez sur 2 plateaux du déshydrateur ou sur les plaques du four. Laissez se déshydrater pendant 10 heures à 47 °C.

ROSES DE POMME
SAVEUR PAIN D'ÉPICES

Ces petites friandises à la pomme sentent bon Noël. À déguster telles quelles ou pour décorer un gâteau.

Pour une dizaine de roses

3 pommes à chair ferme (de type gala)
1 c. à c. rase de cannelle en poudre
1 c. à c. de gingembre en poudre
1 pincée de badiane en poudre
1 pincée de clou de girofle en poudre

• Préparation : 1 h •
• Séchage : 7 h (1 plateau) •
• Conservation : 6 mois •

1. Lavez les pommes et à l'aide d'un rouet muni de son découpoir à tranches, prélevez des rubans.
2. Dans un bol, mélangez les épices. Saupoudrez-en les rubans de pomme.
3. Façonnez des roses en enroulant les rubans sur eux-mêmes. Maintenez-les avec une pique en bois.
4. Disposez les roses sur un plateau du déshydrateur ou sur la plaque du four.
5. Laissez se déshydrater pendant 7 heures à 47 °C. À mi-séchage, retirez les piques en bois.

CHIPS DE BETTERAVE

À servir avec une chantilly au chèvre !

Pour 4 personnes

1 betterave crue de 200 g

• Préparation : 30 min •
• Séchage : 12 h (2 plateaux) •
• Conservation : 6 mois •

1. Épluchez la betterave. Lavez-la et essuyez-la. Détaillez-la en tranches très fines (½ mm d'épaisseur) à l'aide d'une mandoline.
2. Posez-les sur 2 plateaux du déshydrateur ou sur les plaques du four recouvertes de papier sulfurisé.
3. Laissez se déshydrater pendant 12 heures à 47 °C.

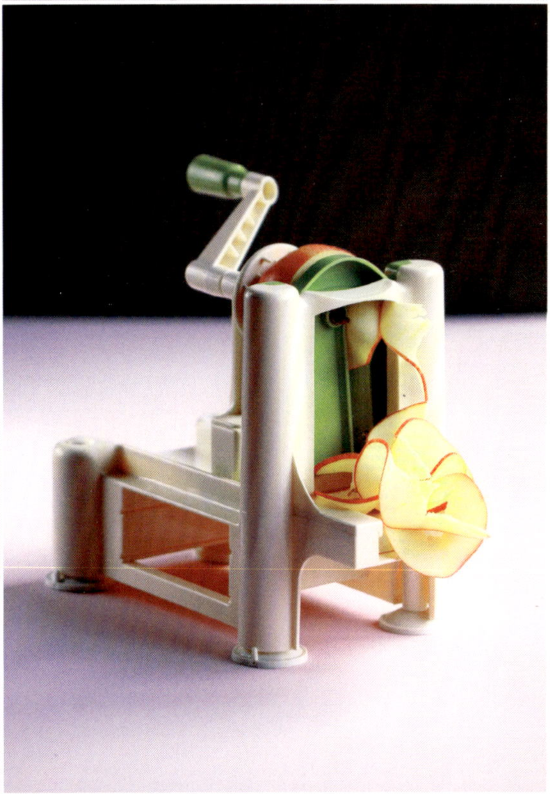

RONDELLES D'ANANAS À LA NOIX DE COCO

Voici une petite gourmandise à consommer sans modération et à tout moment de la journée. Pour ne rien gâcher du plaisir, ces rondelles d'ananas sont également jolies à regarder, avec leur robe de noix de coco qui scintille !

Pour 2 personnes

1 ananas

70 g de noix de coco râpée

• Préparation : 30 min •
• Séchage : 12 h (2 plateaux) •
• Conservation : 6 mois •

1. Retirez le pédoncule de l'ananas.
2. À l'aide d'un couteau bien aiguisé (ou d'un couteau à pain), détaillez l'ananas en tranches de 3 à 4 mm d'épaisseur.
3. Prélevez des rondelles uniformes à l'aide d'un grand emporte-pièce rond, de manière à retirer complètement l'écorce des tranches.
4. Avec un autre emporte-pièce (de 2 cm de diamètre), retirez le cœur fibreux.
5. Versez la noix de coco dans une assiette creuse.
6. « Panez » chaque tranche d'ananas en la posant recto verso sur la noix de coco râpée.
7. Disposez les rondelles d'ananas sur 2 plateaux du déshydrateur ou sur les plaques du four.
8. Laissez se déshydrater pendant 12 heures à 47 °C.

PETITES MERINGUES AUX PÉTALES DE FRAISE

Pour une fois, vous n'allez pas cuire traditionnellement vos meringues à 120 °C, mais les faire sécher à 60 °C. Même avec l'ajout de sucre de canne blond, elles restent ainsi bien blanches. Serties de pétales de fraise, elles évoquent le goût du célèbre bonbon industriel à la fraise !

Pour 4 personnes

2 blancs d'œufs à température ambiante – quelques gouttes de jus de citron

1 pincée d'arrow-root (ou de fécule de maïs)

1 pincée de sel

120 g de sucre de canne blond

125 g de fraises bien parfumées

• Préparation : 40 min •
• Séchage : 4 h (2 plateaux) •
• Conservation : 3 semaines •

À noter : vous pouvez réaliser la même recette avec d'autres fruits (mangue, kiwi, noix de coco, figue, pêche, abricot, prune…).

1. Versez les blancs d'œufs, le jus de citron, l'arrow-root et le sel dans un grand saladier.
2. Commencez par détendre les blancs en fouettant lentement au batteur, puis augmentez peu à peu la vitesse des fouets. Quand le mélange devient blanc et mousseux, ajoutez le sucre en pluie, tout en continuant de battre.
3. Quand la meringue est ferme et épaisse, mettez-la dans une poche à douille.
4. Sur 2 plateaux du déshydrateur recouverts de feuilles Teflex ou sur les plaques du four chemisées de papier sulfurisé, déposez des boules de meringue de la taille d'une grosse noix.
5. Retirez le pédoncule des fraises et découpez-les en fines tranches.
6. Déposez 3 à 4 pétales de fraise sur chaque meringue.
7. Laissez se déshydrater pendant 4 heures à 60 °C.

CUIRS DE FRUITS

DES FEUILLES DE FRUITS SOUPLES ET FAÇONNABLES COMME DU CUIR !

La première fois que j'ai réalisé un cuir de fruits, j'ai été littéralement bluffée par sa texture et par son goût. Il s'agit d'une simple purée de fruits crus que l'on étale finement sur une plaque et que l'on fait sécher pendant quelques heures. La tenue de ce « cuir », à la fois souple et solide, permet de laisser libre cours à son imagination. Au plan gustatif, ces feuilles offrent un concentré de saveurs proche des pâtes de fruits ou d'une confiture bien caramélisée. Comme elles sont exemptes d'eau, elles se gardent longtemps et se classent ainsi dans la catégorie des conserves... créatives !

Le matériel

- **Un mixeur ou un blender :** ces appareils sont essentiels pour réduire les fruits (ou certains légumes) en purée. Pour faciliter le mixage et éviter une éventuelle surchauffe, pensez à les découper en morceaux.
- **Des plateaux, de grandes plaques :** si vous utilisez un déshydrateur, étalez la purée de fruits sur un plateau recouvert d'une feuille Teflex, qui permet un décollage facile ; si vous utilisez votre four, employez la lèchefrite ou une grande plaque à pâtisserie rectangulaire (40 × 30 cm) chemisée de papier sulfurisé.
- **Une spatule souple :** elle permet de bien répartir la purée sur le plateau ou la plaque et d'en lisser la surface.

1. Épluchez les fruits et retirez les éventuels pépins.
2. Mixez-les avec un peu de sucre de canne, du sirop d'agave ou du miel (facultatif si les fruits sont très sucrés).
3. Pour les fruits peu consistants comme la fraise, la framboise et le kiwi, ajoutez un peu de banane (mûre), de la mangue et/ou de la purée d'oléagineux (facultative si vous n'en avez pas sous la main). Vous pouvez incorporer du yaourt ou du lait de coco à la préparation (à condition de la consommer rapidement), voire même un soupçon d'alcool (du porto dans le cuir de figues, du vin rouge dans le cuir de fraises...).

4. De manière générale, partez de l'opération suivante : 250 à 300 g de fruits + 30 à 50 g de sucre + 20 g de purée d'oléagineux = 300 à 370 g de purée à étaler.

5. Versez la purée obtenue sur le plateau du déshydrateur (recouvert d'une feuille Teflex) ou sur la plaque du four (chemisée de papier sulfurisé) et étalez-la pour obtenir 1 ou 2 mm d'épaisseur. Appliquez-vous pour avoir un cuir lisse et régulier.

6. Réalisez des cuirs multicolores en panachant avec différentes purées. Déposez ici et là les purées colorées avec une cuillère à soupe, puis lissez la surface à la spatule, ou bien utilisez une seringue à décor (voir ci-contre).

7. Faites sécher le cuir environ 4 heures au déshydrateur, à 60 °C pendant la première demi-heure puis à 47 °C pendant 3 h 30 (voir page 8). Si vous avez un four, comptez en moyenne 5 à 6 heures à 50 °C. Notez que le temps de séchage varie selon le type de fours (chaleur tournante, ventilation), la texture des fruits et l'épaisseur de la purée au départ. Par exemple, la mangue sèche plus vite que le kiwi et le kaki, qui ont tendance à rester collants un peu plus longtemps.

8. Le cuir est prêt quand on peut passer la paume de la main dessus sans le « froisser » et lorsqu'il devient doux et lisse à la surface.

9. À ce stade, vous pouvez le découper avec des ciseaux crantés ou des emporte-pièce de taille et de forme variées, réaliser des patrons pour lui donner une forme particulière (cornet, barquette) et le refaire sécher pour le figer, le passer au laminoir à pâtes pour faire des spaghettis…

Quelques conseils

- Pour les cuirs 100 % banane, ajoutez 1 ou 2 cuillerées à soupe de jus de citron afin d'éviter l'oxydation.
- Pour les cuirs de pommes ou de poires, il convient de réaliser au préalable une compote cuite à la casserole. J'ai testé la version sans cuisson, mais le cuir a tendance à se désagréger et se travaille mal.
- Pour conserver votre cuir, recouvrez-le de papier sulfurisé, enroulez-le et enveloppez-le dans du film alimentaire ; il se garde pendant 6 mois. Si vous l'enroulez et l'enveloppez directement dans du film, il en sera indécollable et se déchirera.

Les cuirs de légumes

1. Si vous n'avez pas de mixeur « de compétition » (de type Vitamix ou Blendtec), râpez d'abord finement vos légumes (betterave, carotte, céleri…).
2. Mixez-les. Si la pulpe est trop juteuse, filtrez-la pour ne recueillir que la chair mixée.
3. Ajoutez ensuite du sucre. Il permet, entre autres, de donner de la souplesse et de l'élasticité au cuir. Vous n'êtes pas obligé d'en mettre beaucoup, 30 à 50 g suffisent.
4. Incorporez également un peu de mangue, un avocat ou de la purée d'oléagineux pour donner une texture crémeuse au mélange.

Notez que ces cuirs (peu sucrés) ne se conservent pas longtemps (1 mois), car leur texture finit par se modifier et ils deviennent moins malléables.

BARQUETTES DE MANGUE
ET LEUR SALADE DE POURPIER

Le cuir de fruits se module au gré de nos fantaisies ! Avec un patron, on peut façonner de jolies barquettes prêtes à accueillir une salade vitaminée.

Pour 2 personnes

Cuir de mangue :

280 g de mangue fraîche et mûre

20 g de purée de cajou ou de beurre de cacahuète

50 g de sirop d'agave

Salade :

80 g de pourpier (ou de mâche)

50 g de chou blanc

30 g de carotte

1 poignée de graines germées (alfafa, lentille, poireau, radis…)

20 g de graines de sésame blanc

2 c. à s. de jus de citron (ou d'orange)

5 c. à s. d'huile d'olive

sel et poivre

• Trempage : 1 h 15 •
• Séchage : 11 h (1 plateau) •
• Conservation : 2 mois (pour les barquettes) •

1. Mixez la mangue avec la purée de cajou et le sirop d'agave. Versez la purée obtenue sur un plateau du déshydrateur recouvert d'une feuille Teflex ou sur la plaque du four chemisée de papier sulfurisé. Répartissez-la correctement à l'aide d'une spatule souple.
2. Laissez se déshydrater pendant 30 minutes à 60 °C, puis 2 h 30 à 47 °C.
3. Décollez délicatement le cuir de mangue.
4. Ouvrez une petite corbeille en bois fin de façon à pouvoir la poser à plat. Positionnez-la sur le cuir de mangue (côté gauche) et, à l'aide d'un couteau tranchant, faites le tour du patron. Procédez de la même façon avec le reste du cuir.
5. Reconstituez les barquettes en scellant les bords. Une simple pression suffit. Si le cuir est trop rigide, humectez votre main avec de l'eau et passez-la dessus. Faites tenir les plus grands bords avec une pique en bois plantée de chaque côté.
6. Laissez se déshydrater pendant 8 heures, jusqu'à ce que les barquettes deviennent rigides et dures (attention, c'est fragile).
7. Lavez le pourpier. Retirez les tiges pour ne garder que les feuilles. Émincez le chou. Épluchez et râpez la carotte.
8. Mélangez dans un saladier le pourpier, le chou et la carotte. Répartissez cette salade dans les deux barquettes. Parsemez de graines germées et de sésame.
9. Fouettez le jus de citron, l'huile d'olive, 1 pincée de sel et de poivre dans un bol. Présentez avec les barquettes de salade et assaisonnez-les au dernier moment.

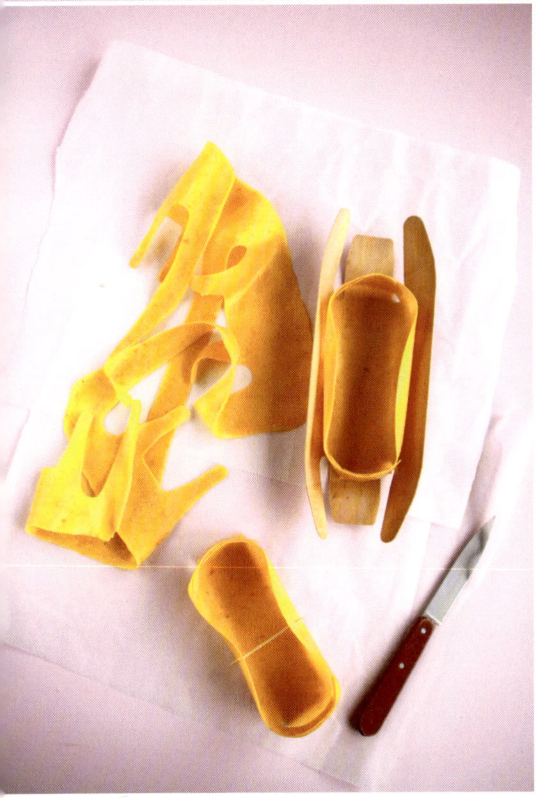

ROULEAUX DE FRAISES
AUX HERBES ET AU CHÈVRE

Nul doute que cette variante des rouleaux de printemps plaira aux amateurs de sucré-salé. Les herbes, la courgette, le radis et l'alfafa germé apportent une bonne dose de fraîcheur et se marient agréablement avec la saveur pétillante des fraises.

Pour 4 personnes :

Cuir de fraises :

250 g de fraises

20 g de purée d'amande

50 g de banane mûre

50 g de sucre de canne blond

Garniture :

1 bouquet de persil plat (soit 20 g de feuilles)

120 g de courgette

12 radis roses

4 grosses fraises

60 g de chèvre mi-sec

1 botte de ciboulette

30 g d'alfafa germé

• Préparation : 1 h 15 •
• Séchage : 4 h (1 plateau) •
• Conservation : 4 mois (pour le cuir) •

À noter : ces rouleaux gardent leur tenue pendant au moins 3 heures, après quoi, le cuir commence à ramollir un peu. Préparez tous les ingrédients à l'avance et effectuez le roulage au dernier moment.

1. Équeutez les fraises. Mixez-les avec la purée d'amande, la banane et le sucre de canne blond.
2. Versez la purée obtenue sur un plateau du déshydrateur recouvert d'une feuille Teflex ou sur la plaque du four chemisée de papier sulfurisé. Répartissez-la correctement à l'aide d'une spatule souple.
3. Laissez se déshydrater pendant 30 minutes à 60 °C, puis 3 h 30 à 47 °C.
4. Décollez délicatement le cuir de fraises de la feuille. Divisez-le en quatre.
5. Lavez et épongez soigneusement le persil plat.
6. Lavez et râpez la courgette. Pressez-la entre deux feuilles de papier absorbant pour en retirer l'excédent d'eau.
7. Rincez et émincez les radis dans le sens de la longueur.
8. Équeutez et coupez les fraises en quatre.
9. Détaillez le chèvre en bâtonnets de 1 cm de large.
10. Lavez la ciboulette et divisez-la en 4 petits fagots.
11. Posez un carré de cuir de fraises à plat sur une natte en bambou ou sur une feuille de papier sulfurisé. Ajoutez par-dessus, dans l'ordre, le quart des ingrédients : le persil plat, l'alfafa germé, la courgette râpée, les radis roses, la ciboulette, les fraises et le chèvre.
12. Enroulez le cuir sur lui-même en serrant bien. Procédez de la même façon avec le reste des ingrédients.

TULIPES DE FRAMBOISES FAÇON PAVLOVA

Vous connaissez les tulipes, ces gaufrettes en forme de petite corbeille gondolée qui accueillent généralement des fruits ou de la glace. Je vous propose de reprendre ce principe de présentation, mais avec un cuir de framboises agrémenté de miettes de meringue et de chantilly.

Pour 9 petites tulipes

Cuir de framboises :

200 g de framboises fraîches

20 g de purée d'amande blanche

100 g de banane mûre

60 g de sucre de canne

Garniture :

80 ml de crème fluide entière

30 g de sucre de canne blond

100 g de meringues (voir recette page 24)

9 framboises

• Préparation : 1 h •
• Séchage : 12 h (1 plateau) •
• Conservation : 2 mois (pour les tulipes) •

1. Mixez les framboises, la purée d'amande blanche, la banane et le sucre de canne. Filtrez la purée obtenue à travers un tamis fin pour écarter les pépins. Étalez-la sur un plateau du déshydrateur recouvert d'une feuille Teflex ou sur la plaque du four chemisée de papier sulfurisé.
2. Laissez se déshydrater pendant 30 minutes à 60 °C, puis 3 h 30 à 47 °C.
3. Décollez délicatement le cuir de framboises de la feuille Teflex. À l'aide d'un emporte-pièce rond (12 cm de diamètre) et d'un marteau, prélevez 9 disques de cuir.
4. Chemisez 9 ramequins de papier sulfurisé (ou prenez de grandes caissettes en papier rigides). Disposez dedans les ronds de cuir de framboises, en leur donnant une forme ondulée sur les bords. Laissez se déshydrater pendant 8 heures. Démoulez délicatement les tulipes obtenues (attention, elles se cassent facilement !).
5. Préparez la garniture. Placez la crème fluide, le bol du batteur et les fouets au congélateur pour 10 minutes.
6. Fouettez vivement la crème jusqu'à ce qu'elle épaississe (mettez un petit glaçon brisé dedans si elle ne monte pas). Ajoutez le sucre en pluie. Disposez la chantilly dans une poche à douille et placez-la au réfrigérateur pour 4 heures.
7. Cassez les meringues en 2 à 3 morceaux. Au dernier moment, garnissez les tulipes avec les meringues, la chantilly et les framboises.

SAMOUSSAS DE KAKIS À LA CRÈME DE COCO

Le kaki est un fruit qui pousse abondamment en automne. Pour écouler votre récolte, faites des cuirs dont la couleur orange vif aiguisera votre appétit ! Leur texture souple permet de réaliser sans peine des samoussas, ici fourrés avec une crème de noix de coco crue.

Pour 10 samoussas

Crème de coco :

50 g de chair de noix de coco fraîche

25 g de purée de cajou (ou d'amande)

10 g d'huile (graisse) de coco (1 c. à c.)

30 g de sirop d'agave

50 ml d'eau

Cuir de kakis :

280 g de kakis

20 g de purée d'amande blanche

50 g de banane mûre

30 g de sirop d'agave

graines de sésame

• Trempage : 1 h 15 •
• Préparation : 8 h •
• Séchage : 4 h (1 plateau) •
• Conservation : 4 mois (pour le cuir) •

1. Mixez tous les ingrédients de la crème de coco, jusqu'à l'obtention d'une crème onctueuse. Placez au réfrigérateur pour 8 heures.
2. Mixez les kakis, la purée d'amande blanche, la banane et le sirop d'agave.
3. Étalez la purée obtenue sur un plateau du déshydrateur recouvert d'une feuille Teflex ou sur la plaque du four chemisée de papier sulfurisé.
4. Laissez se déshydrater pendant 30 minutes à 60 °C, puis 3 h 30 à 47 °C.
5. Décollez délicatement le cuir de kakis de la feuille Teflex. Divisez-le en 10 bandes (5 grandes bandes coupées en deux).
6. Déposez sur l'extrémité de chaque bande un peu de crème de coco (solidifiée) et façonnez des samoussas en repliant les bords sur eux-mêmes. Décorez avec des graines de sésame.

PETITS CHAUSSONS DE FIGUES FOURRÉS À LA PISTACHE

Ces mignardises évoquent la Sicile, avec leur garniture à la pâte de pistaches et au miel de fleur d'oranger. Servez-les avec un bon café.

Pour une vingtaine de chaussons

Cuir de figues :

300 g de figues fraîches

20 g de purée d'amande

50 g de miel de fleur d'oranger (ou d'acacia)

Pâte de pistaches :

70 g de pistaches mondées

15 g de purée d'amande

35 g de miel de fleur d'oranger

• Préparation : 1 h 15 • Séchage : 4 h (1 plateau) • Conservation : 4 mois (pour le cuir) •

À noter : si les bords des chaussons se décollent, c'est que votre cuir a trop séché. Badigeonnez alors les disques d'un peu d'eau à l'aide d'un pinceau.

1. Lavez les figues. Mixez-les avec la purée d'amande et le miel.
2. Versez la purée obtenue sur un plateau du déshydrateur recouvert d'une feuille Teflex ou sur la plaque du four chemisée de papier sulfurisé. Répartissez-la correctement à l'aide d'une spatule souple.
3. Laissez se déshydrater pendant 30 minutes à 60 °C, puis 3 h 30 à 47 °C.
4. Pendant ce temps, préparez la pâte de pistaches. Mixez les pistaches avec la purée d'amande et le miel, jusqu'à l'obtention d'une pâte.
5. Décollez délicatement le cuir de figues de la feuille Teflex.
6. À l'aide d'un emporte-pièce rond et d'un marteau, prélevez des disques de 5 cm de diamètre dans le cuir.
7. Déposez au centre de chaque disque une petite boule de pâte de pistaches (de la taille d'une noisette). Pliez les disques en deux, en pressant bien fort les bords.

RUBANS DE KIWIS QUI PIQUENT

Vous adorez les rubans acidulés, mais vous avez des scrupules à consommer ces bonbons chimiques ? Voici une variante plus nourrissante, gourmande et saine. Réalisez un cuir de kiwis, découpez-le en lanières puis saupoudrez-le de sucre. Vous obtiendrez des rubans qui rivalisent haut la main avec leurs cousins industriels !

Pour 6 personnes

280 g de kiwis

100 g de banane mûre

40 g de sucre de canne blond (+ 40 g pour l'enrobage)

1 c. à s. de jus de citron (facultatif)

• Préparation : 30 min •
• Séchage : 4 h (1 plateau) •
• Conservation : 4 mois •

À noter : saupoudrez au dernier moment les rubans de sucre pour éviter qu'ils se réhumidifient.

1. Épluchez les kiwis. Mixez-les avec la banane, 40 g de sucre de canne et le jus de citron (si les kiwis sont peu acides).
2. Versez la purée obtenue sur un plateau du déshydrateur recouvert d'une feuille Teflex ou sur la plaque du four chemisée de papier sulfurisé. Répartissez-la correctement à l'aide d'une spatule souple.
3. Laissez se déshydrater pendant 30 minutes à 60 °C, puis 3 h 30 à 47 °C.
4. Décollez le cuir de kiwis de la feuille Teflex. Découpez-le en lanières de 2 cm de largeur.
5. Disposez 40 g de sucre de canne blond sur une assiette et roulez les rubans dedans.

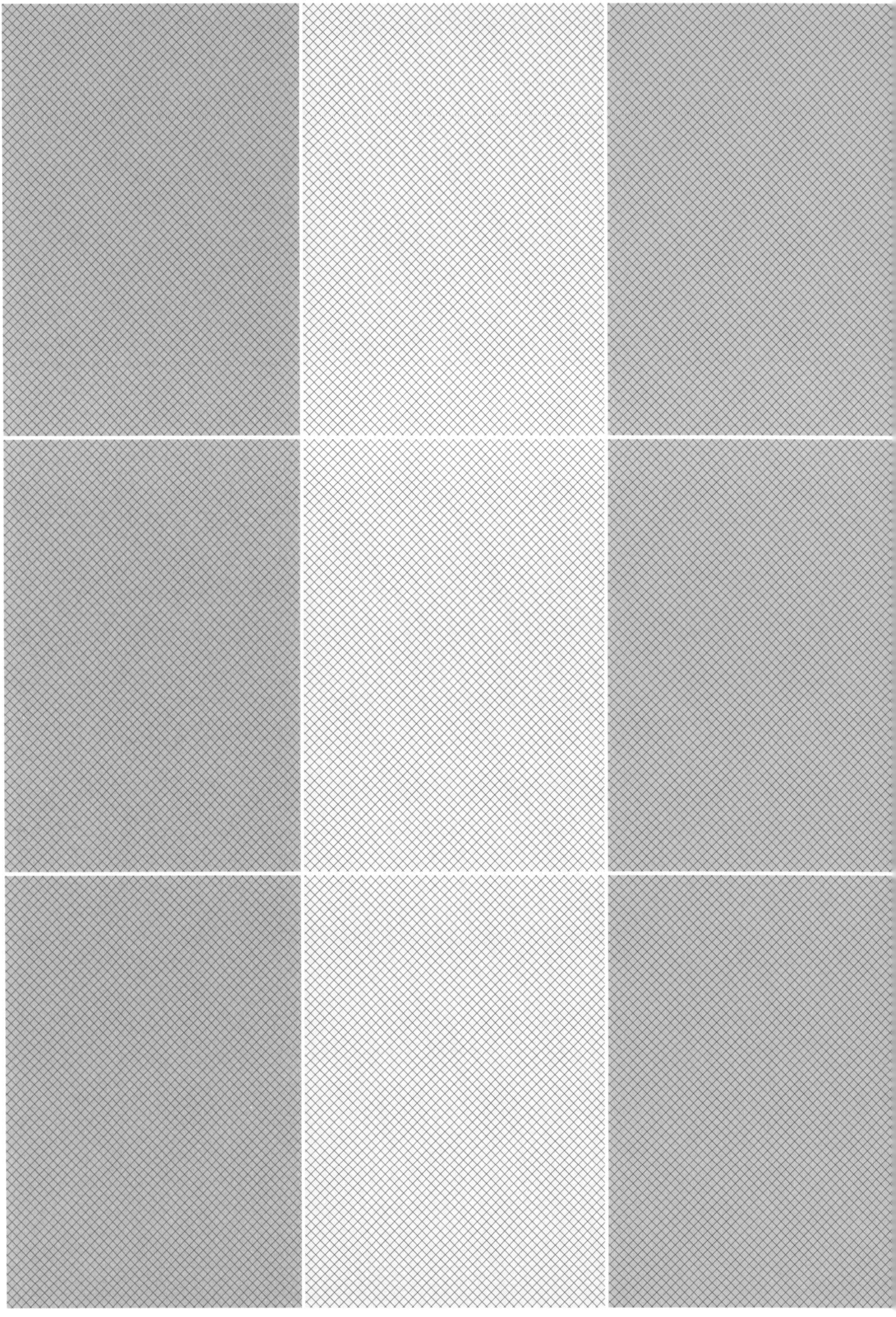

CRACKERS

DES BISCUITS CRUS ET POURTANT SI CROUSTILLANTS !

A priori, la cuisson traditionnelle au four à 180 °C semble la seule façon de réaliser des crackers. En m'aventurant un peu plus dans l'expérience crudivore, j'ai appris qu'on peut obtenir des biscuits très croustillants avec une pâte à base de graines réhydratées qu'on fait sécher. Avant de vous lancer, prévoyez un petit stock de graines variées. Ensuite, une fois que vous aurez compris le principe de base, vous pourrez improviser des recettes en fonction des produits de saison.

Le matériel et les ingrédients de base

• **Un mixeur ou un minihachoir :** ils permettent de broyer finement les graines réhydratées pour obtenir une pâte à crackers homogène. Afin d'éviter la surchauffe du moteur de l'appareil et des ingrédients, faites des pauses de temps en temps (comme pour faire de la purée d'oléagineux).

• **Des plateaux, de grandes plaque :** si vous utilisez un déshydrateur, étalez la pâte sur un plateau recouvert d'une feuille Teflex ; si vous utilisez votre four, employez la lèchefrite ou une grande plaque à pâtisserie rectangulaire (40 × 30 cm) chemisée de papier sulfurisé.

• **Une spatule souple :** elle permet de bien répartir la pâte sur le plateau ou la plaque et d'en lisser la surface.

• **Plein de graines !** Les plus couramment utilisées sont les graines de lin, ingrédients de base des crackers. Leur enveloppe coriace donne du croquant ; le mucilage qu'elles produisent apporte de l'humidité et facilite ainsi le broyage des autres ingrédients. Des graines de tournesol, de courge et de sésame, des amandes, noisettes, noix et noix de cajou sont également requises dans la plupart des recettes.

1. Faites tremper les graines de lin et, à part, d'autres graines ou des amandes, pendant 6 à 8 heures dans de l'eau de source (ou filtrée).
2. Versez les graines de lin avec leur mucilage dans le bol du mixeur.
3. Rincez les autres graines à l'eau courante jusqu'à ce qu'elle soit claire. Mettez-les dans le bol du mixeur. Mixez le tout jusqu'à l'obtention d'une pâte épaisse.
4. Ajoutez des légumes crus, des épices, un peu de sel et mixez à nouveau.
5. Disposez cette pâte sur le plateau du déshydrateur recouvert d'une feuille Teflex ou sur une plaque du four chemisée de papier sulfurisé et laissez sécher de 2 à 5 heures (en fonction de l'épaisseur de la pâte).
6. Décollez délicatement la pâte de la feuille et divisez-la selon la forme souhaitée. Si vous utilisez un emporte-pièce, positionnez-le sur la pâte et donnez des petits coups de marteau dessus.
7. Faites sécher les crackers obtenus pendant 7 heures, voire plus.

Le Micro
magimix

Les graines de lin

Doré ou brun, le lin produit des graines dont l'enveloppe externe est très dure. C'est la raison pour laquelle on les broie (avec un moulin à café par exemple) ou on les réhydrate pour les mixer ensuite. Sans quoi elles « passent tout droit » et notre organisme ne bénéficie pas de leurs nombreux nutriments, notamment des oméga-3. Une fois trempées dans l'eau, les graines produisent une substance gluante, le mucilage, reconnu pour ses propriétés laxatives et adoucissantes.

Quelques conseils

- Stockez vos graines et oléagineux dans des bocaux parfaitement hermétiques. Les mites alimentaires s'en régalent trop souvent.
- Conservez vos crackers dans une boîte en métal. S'ils ont ramolli, il suffit de les déshydrater à nouveau, 1 ou 2 heures à 47 °C.

Pourquoi faire tremper les graines et les oléagineux ?

Les spécialistes de l'alimentation vivante préconisent de faire tremper les graines (lin, tournesol, courge, sésame) et les oléagineux (amande, noisette, noix et noix de cajou). Tels que nous les achetons, ils sont en dormance grâce à des inhibiteurs d'enzymes qui, telle une armure, les protègent des agressions extérieures. Au contact de l'eau, ils se « réveillent » et libèrent alors toute leur énergie pour permettre la germination et la croissance d'une future plante. Il en résulte une nette augmentation de la quantité de vitamines et de sels minéraux, dont notre organisme pourra profiter pleinement (c'est le même principe que les graines germées). Les graines et les amandes réhydratées deviennent également plus digestibles, plus tendres mais aussi plus facilement broyables (ce qui nous arrange pour réaliser une pâte à crackers onctueuse).

Temps de trempage

- Amandes : 8 à 12 heures •
- Graines de courge : 6 heures •
- Graines de lin : 6 à 8 heures •
- Graines de tournesol décortiquées : 6 heures •
- Noix de cajou : 3 heures •
- Noisettes : 12 heures •
- Noix : 6 heures •
- Sésame décortiqué : 4 heures •
- Sésame non décortiqué : 8 à 12 heures •

CRACKERS AU POTIMARRON ET AUX GRAINES DE COURGE

Dégustez ces crackers d'automne avec une tartinade onctueuse au potimarron. À servir pour l'apéro ou lors d'un brunch, cet encas plaît aux grands fans de cucurbitacées.

Pour une vingtaine de crackers

Crackers :

50 g de graines de lin doré

30 g de graines de courge

120 ml d'eau de source

50 g d'échalotes

120 g de potimarron

1 pincée de sel

Tartinade au potimarron :

250 g de potimarron

1 c. à s. de purée d'amande (40 g)

1 bonne pincée de curry en poudre

1 pincée de sel

• Trempage : 6 h •
• Préparation : 45 min •
• Séchage : 8 h (1 plateau) •
• Conservation : 4 mois (pour les crackers) •

1. Six heures à l'avance, faites tremper les graines de lin et de courge dans l'eau de source.
2. Épluchez les échalotes et détaillez-les en rondelles.
3. Lavez le potimarron et coupez-le en dés.
4. Mixez les graines de lin et de courge quelques minutes, jusqu'à l'obtention d'une pâte.
5. Ajoutez les échalotes, le potimarron et le sel, puis mixez à nouveau.
6. Étalez cette pâte finement (2 à 3 mm d'épaisseur) sur un plateau du déshydrateur recouvert d'une feuille Teflex ou sur la plaque du four chemisée de papier sulfurisé.
7. Laissez se déshydrater pendant 1 heure à 60 °C puis 1 heure 30 à 47° C..
8. Pendant ce temps, préparez la tartinade au potimarron. Lavez le potimarron (laissez la peau) et coupez-le en gros dés. Faites-le cuire à la vapeur pendant 15 minutes. Mixez la chair avec la purée d'amande, le curry et le sel. Réservez.
9. Décollez délicatement la pâte (encore souple) de la feuille et posez-la sur le plan de travail. Découpez-la en triangles.
10. Faites sécher ces crackers pendant 5 heures 30 à 47 °C. Servez-les avec la tartinade au potimarron.

CRACKERS DE LA FORÊT

Noisettes, trompettes-de-la-mort et orties sont transformées en délicats crackers à croquer, pourquoi pas, lors d'une balade en forêt. Aussi légers que les feuilles d'un arbre, ils offrent un délicieux concentré d'automne.

Pour une vingtaine de crackers

50 g de graines de lin brun

70 g de noisettes

200 ml d'eau de source

100 g de champignons des bois comestibles crus (cèpes de Bordeaux, trompettes-de-la-mort, girolles) ou de shiitakés frais

20 g de jeunes pousses d'ortie fraîches (ou de persil plat)

1 pincée de sel

• Trempage : 6 h •
• Préparation : 45 min •
• Séchage : 7 h (1 plateau) •
• Conservation : 3 mois •

1. Six heures à l'avance, faites tremper séparément, dans 100 ml d'eau de source, les graines de lin et les noisettes.
2. Rincez ensuite seulement les noisettes.
3. Parez les champignons en retirant leur pied terreux et en les nettoyant soigneusement avec un torchon humide (pour les trompettes, passez-les rapidement sous l'eau froide et épongez-les délicatement).
4. Lavez les jeunes pousses d'ortie et laissez s'égoutter.
5. Mixez les graines de lin (avec leur mucilage) et les noisettes pendant quelques minutes, jusqu'à l'obtention d'une pâte.
6. Ajoutez les champignons, les orties et le sel, puis mixez à nouveau.
7. Étalez cette pâte finement (2 à 3 mm d'épaisseur) sur un plateau du déshydrateur recouvert d'une feuille Teflex ou sur la plaque du four chemisée de papier sulfurisé.
8. Laissez se déshydrater pendant 1 heure à 60 °C puis 1 heure 30 à 47° C.
9. Décollez délicatement la pâte (encore souple) de la feuille et posez-la sur le plan de travail. Découpez-la en forme de feuilles ou de champignons à l'aide d'un emporte-pièce.
10. Faites sécher ces crackers pendant 4 heures 30 à 47 °C.

MINIPIZZAS APÉRITIVES

Un vent d'Italie souffle sur ces petits biscuits croustillants ! Garnis d'olives, de tomates confites et d'origan, ils se transforment en minipizzas à déguster pour l'apéritif.

Pour une vingtaine de minipizzas

Crackers :

100 g de graines de lin doré
50 g de graines de tournesol
300 ml d'eau de source
1 tomate à chair pleine et mûre (150 g)
1 gros oignon (70 g)
3 gousses d'ail
5 à 6 tiges de basilic (10 g de feuilles)
1 c. à s. d'origan séché
1 c. à c. rase de sel
15 g de parmesan fraîchement râpé

Garniture :

40 g de tomates séchées à l'huile
3 c. à s. d'eau
une dizaine d'olives Kalamata

• Trempage : 6 h • Préparation : 1 h • Séchage : 9 h (1 plateau) • Conservation : 3 mois (pour les crackers) •

1. Six heures à l'avance, faites tremper séparément les graines de lin et les graines de tournesol, respectivement dans 200 ml et 100 ml d'eau de source.
2. Rincez seulement les graines de tournesol.
3. Mixez les graines de lin (avec leur mucilage) et de tournesol pendant quelques minutes, jusqu'à l'obtention d'une pâte visqueuse.
4. Lavez la tomate, retirez le pédoncule et coupez-la en quatre.
5. Épluchez l'oignon et l'ail. Hachez-les grossièrement.
6. Rincez le basilic et effeuillez-le.
7. Mettez tous ces ingrédients dans le bol du mixeur, avec l'origan et le sel, puis mixez quelques minutes.
8. Étalez la pâte finement (2 à 3 mm d'épaisseur) sur un plateau du déshydrateur recouvert d'une feuille Teflex ou sur la plaque du four chemisée de papier sulfurisé. Saupoudrez de la moitié du parmesan.
9. Laissez se déshydrater pendant 1 heure à 60 °C, puis 1 heure 30 à 47 °C.
10. Décollez délicatement la pâte (encore souple) de la feuille et posez-la sur le plan de travail. À l'aide d'un emporte-pièce et d'un marteau, prélevez des petits disques de 4 cm de diamètre.
11. Mixez les tomates confites avec l'eau. Dénoyautez les olives et coupez-les en rondelles.
12. Répartissez la purée de tomates confites, les olives et le reste du parmesan sur les crackers. Poursuivez la déshydratation pendant 6 heures 30 à 47 °C.

CRACKERS INDIENS AUX GRAINES DE SÉSAME

J'aime servir ces biscuits lors d'un repas indien. Leur goût d'oignon, de noix de cajou et de curry s'accorde très bien avec un dhal, plat végétarien à base de lentilles.

Pour une dizaine de crackers :

80 g de graines de lin doré

300 ml d'eau de source

50 g de noix de cajou

50 g de graines de tournesol (+ 20 g pour le décor)

80 g de carotte

80 g d'oignon

1 c. à s. de curry en poudre

1 c. à c. de cumin en poudre

3 pincées de sel

10 g de graines de sésame blanc

10 g de graines de sésame noir

10 g de graines de sésame au wasabi

• Trempage : 6 h •
• Préparation : 30 min •
• Séchage : 12 h (1 plateau) •
• Conservation : 4 mois •

1. Six heures à l'avance, faites tremper les graines de lin dans 130 ml d'eau de source ; 3 heures à l'avance, faites tremper les noix de cajou et 50 g de graines de tournesol dans le reste de l'eau.
2. Rincez ensuite seulement les noix de cajou et les graines de tournesol.
3. Pelez la carotte et l'oignon. Détaillez-les en rondelles.
4. Mixez les graines de lin (avec leur mucilage), les noix de cajou et les graines de tournesol pendant quelques minutes, jusqu'à l'obtention d'une pâte.
5. Ajoutez la carotte, l'oignon, le curry, le cumin et le sel, puis mixez quelques minutes.
6. Étalez cette pâte (3 à 4 mm d'épaisseur) sur un plateau du déshydrateur recouvert d'une feuille Teflex ou sur la plaque du four chemisée de papier sulfurisé.
7. Parsemez les 20 g de graines de tournesol restants ainsi que les graines de sésame. Appuyez légèrement dessus.
8. Laissez se déshydrater pendant 1 h 30 à 60 °C, puis 3 h 30 à 47 °C.
9. Décollez délicatement la pâte (encore souple) de la feuille et posez-la sur le plan de travail. Découpez-la en rectangles.
10. Faites sécher ces crackers pendant 7 heures à 47 °C.

BISCUITS
ET BARRES DE CÉRÉALES

DES CÉRÉALES
HAUTEMENT ÉNERGÉTIQUES !

Pour bien commencer la journée ou pour accompagner efficacement un effort physique, rien de tel que des barres, des biscuits ou des petits pains crus. Ils contiennent bien plus de nutriments que les céréales du commerce (toastées parfois jusqu'à 200 °C).

Le matériel et les ingrédients de base

• Voir page 46 (chap. crackers).

Quelques conseils

- Conservez les céréales dans un bocal hermétique, les barres et biscuits dans une boîte.
- S'ils ramollissent, refaites-les sécher quelques heures.

Les graines de chia

Presque aussi petites que les graines de pavot et de forme ovale, les graines de chia sont issues d'une plante mexicaine (*Salvia hispanica*) cousine de la sauge. Elles furent largement consommées et utilisées à des fins religieuses par les peuples précolombiens. Après l'arrivée des conquistadors, leur culture tomba dans les oubliettes durant des siècles. Il a fallu attendre la fin des années 1990 pour que les graines de chia soient remises au goût du jour. Riches en oméga-3, en protéines et en fibres, elles sont aujourd'hui particulièrement prisées par les crudivores. Comme le lin, elles développent du mucilage une fois réhydratées (jusqu'à 10 fois leur volume !), mais contrairement à lui, elles n'ont pas besoin d'être broyées. Elles le remplacent ainsi sans problème dans les recettes de crackers ou de barres de céréales.

Comme pour les crackers, il convient de faire tremper au préalable vos céréales, vos graines ou vos amandes dans de l'eau de source (ou filtrée) pour les réactiver, puis de les rincer à l'eau courante jusqu'à ce que celle-ci soit claire. Remplacez les légumes par des fruits frais (banane, pomme, poire, pêche, noix de coco…) et éventuellement du sucre (miel, sirop d'agave, sucre de canne).

Au plan de la présentation, il existe plusieurs possibilités :

- vous ne mixez pas vos ingrédients et vous les laissez sécher pour obtenir un mélange de céréales ;
- vous les mixez, les étalez sur une feuille Teflex ou de papier sulfurisé, les faites présécher, les découpez en barres et finalisez le séchage ;
- vous les mixez et vous formez à la main des balles, des galettes ou des petits pains que vous disposez sur une feuille Teflex ou de papier sulfurisé puis, à mi-séchage, vous retirez la feuille et poursuivez la déshydratation quelques heures.

MUESLI CROUSTILLANT AU SARRASIN

Ces céréales sont tellement bonnes qu'elles parviennent, en quelques bouchées, à convertir les plus sceptiques à propos de la cuisine crue. Le sarrasin, enveloppé dans une fine pellicule de sirop d'agave, est croustillant à souhait : un régal ! Merci à Clotilde[3] et à son amie Poppy de m'avoir fait découvrir cette recette étonnante.

Pour 500 g de muesli

- 200 g de sarrasin cru décortiqué
- 75 g d'amandes
- 60 g de graines de tournesol
- 1 c. à s. de purée d'amande (30 g)
- 130 g de sirop d'agave (ou de miel)
- 1 c. à c. de gingembre en poudre
- 1 c. à c. de cannelle en poudre
- 1 pincée de clou de girofle en poudre

• Trempage : 8 h •
• Préparation : 30 min •
• Séchage : 12 h (1 plateau) •
• Conservation : 2 semaines •

À noter : ajoutez au gré de vos envies des fruits séchés coupés en petits morceaux (abricot, canneberge, figue, pomme, pruneau…).

1. La veille, faites tremper dans de l'eau de source les graines de sarrasin et, dans un autre saladier, les amandes et les graines de tournesol.
2. Le jour même, rincez-les abondamment jusqu'à ce que l'eau soit claire.
3. Hachez grossièrement les amandes au couteau.
4. Dans un grand saladier, mélangez la purée d'amande, le sirop d'agave et les épices.
5. Ajoutez le sarrasin, les graines de tournesol et les amandes.
6. Étalez ce mélange sur un plateau du déshydrateur recouvert d'une feuille Teflex ou sur la plaque du four chemisée de papier sulfurisé.
7. Laissez se déshydrater pendant 3 heures à 60 °C, puis 9 heures à 47 °C. Brassez le mélange du bout des doigts de temps en temps pour en faciliter le séchage.
8. Laissez bien refroidir avant de conserver dans un bocal hermétique.

[3] Auteure du blog culinaire http://chocolateandzucchini.com/vf

CARRÉS ELFIQUES

Ces carrés se glissent dans le sac à main, la *lunch box* ou le sac à dos pour la randonnée. Comme la plupart des biscuits crus, ils sont très énergétiques, d'où la comparaison avec le célèbre pain elfique dont parle J.R.R. Tolkien dans *Le Seigneur des anneaux* !

Pour 18 carrés

70 g de dattes dénoyautées

40 g de noix

130 g de flocons d'avoine (ou de châtaigne pour les intolérants au gluten)

70 g de pomme (fraîche)

170 g de pruneaux dénoyautés

50 g de purée de noisette (ou d'amande)

60 ml de sirop d'agave

le zeste de 2 oranges

100 g de figues sèches et moelleuses (réhydratez-les 2 h dans l'eau si elles sont trop sèches)

• Trempage : 2 h •
• Préparation : 1 h 30 •
• Séchage : 12 h (1 plateau) •
• Conservation : 4 mois •

1. Deux heures à l'avance, faites tremper les dattes et les noix dans un bol d'eau minérale.
2. Mixez les flocons d'avoine et réservez.
3. Coupez la pomme en dés.
4. Mettez 70 g de pruneaux ainsi que le reste des ingrédients, à l'exception des figues, dans le bol du mixeur et mixez jusqu'à l'obtention d'une pâte épaisse.
5. Étalez-la sur un plateau du déshydrateur recouvert d'une feuille Teflex ou sur la plaque du four chemisée de papier sulfurisé.
6. Laissez se déshydrater pendant 1 heure à 60 °C, puis 2 heures à 47 °C.
7. Avec un couteau denté, coupez les bords pour donner à la pâte une forme parfaitement carrée (30 × 30 cm). Divisez le carré en deux pour obtenir deux rectangles (15 × 30 cm).
8. Mixez les 100 g de pruneaux restants avec les figues sèches.
9. Étalez la purée obtenue sur l'un des rectangles de pâte.
10. Posez par-dessus l'autre rectangle de pâte et pressez avec la paume de la main.
11. Laissez se déshydrater pendant 4 heures à 47 °C.
12. Détaillez le biscuit fourré en carrés de 5 × 5 cm.
13. Disposez-les sur le plateau du déshydrateur (sans la feuille Teflex) et laissez sécher 5 h de plus.

BARRES MULTIFRUITS AUX GRAINES DE CHIA

Le jeu de mots est peut-être facile, mais je vous garantis qu'avec cette recette, vous ne risquez pas le coup de barre ! Même les enfants apprécient sa texture croquante en surface et moelleuse à cœur.

Pour 15 barres

Garniture aux fruits :

450 ml d'eau de source
50 g de quinoa
100 g de noisettes
30 g de graines de tournesol
30 g de graines de chia (ou 60 g de graines de lin)
80 g de pistaches mondées
60 g de canneberges sèches (ou de raisins secs)
60 g de flocons de sarrasin
100 g de sucre de canne intégral

Biscuit :

200 g de flocons de sarrasin
50 g de miel (ou de sirop d'agave)
60 g de figues sèches bien moelleuses (réhydratez-les 1 h dans un bol d'eau tiède si elles sont trop sèches)
125 ml d'eau de source

• Trempage : 9 h •
• Préparation : 1 h 30 •
• Séchage : 12 h (1 plateau) •
• Conservation : 4 mois •

1. La veille, faites tremper dans 150 ml d'eau de source le quinoa d'une part, les noisettes et les graines de tournesol de l'autre.
2. Le jour même, rincez soigneusement le quinoa à l'eau courante, jusqu'à ce qu'elle ne soit plus trouble. Faites de même avec les noisettes et les graines de tournesol.
3. Disposez les graines de chia dans un bol et ajoutez l'eau de source restante. Laissez gonfler pendant 1 heure.
4. Pendant ce temps, préparez le biscuit. Mixez les flocons de sarrasin. Ajoutez le miel, les figues sèches et l'eau de source. Mixez longuement jusqu'à l'obtention d'une pâte homogène.
5. Étalez cette pâte sur une feuille Teflex ou du papier sulfurisé, sur 1 ou 2 mm d'épaisseur, au départ avec les doigts et la paume de la main, puis à l'aide d'un rouleau à pâtisserie. Réservez.
6. Hachez grossièrement noisettes et pistaches.
7. Dans un grand saladier, mélangez tous les ingrédients de la garniture, y compris les graines de chia avec leur jus (mucilage).Déposez le mélange sur la pâte à biscuit et lissez la surface.
8. Laissez se déshydrater pendant 2 heures à 60 °C.
9. Découpez en barres rectangulaires (10 × 5 cm). Disposez-les sur le plateau du déshydrateur sans la feuille Teflex ou sur la plaque du four sans papier sulfurisé et laissez se déshydrater pendant 10 heures à 47 °C.

BOUCHÉES MOELLEUSES À LA COCO ET AUX ABRICOTS SECS

À mi-chemin entre le rocher congolais et une pâtisserie orientale, ces bouchées ont la particularité d'être très « chewy », comme les cookies mi-cuits. Dégustez-les avec un thé fleuri ou un smoothie à la banane.

Pour une douzaine de bouchées

250 g de chair de noix de coco fraîche
70 g de sirop d'agave
50 g de purée d'amande blanche
100 g d'abricots secs
12 amandes entières

• Préparation : 30 min •
• Séchage : 18 h (1 plateau) •
• Conservation : 3 mois •

1. Détaillez la chair de la noix de coco en petits dés. Mixez-la pendant quelques minutes.
2. Ajoutez le sirop d'agave et la purée d'amande blanche, puis mixez à nouveau.
3. Détaillez les abricots secs en morceaux et ajoutez-les au reste des ingrédients. Mixez jusqu'à l'obtention d'une pâte épaisse.
4. Prélevez des boulettes de la taille d'une noix et travaillez-les avec la paume de vos mains pour leur donner une forme ronde. Déposez-les au fur et à mesure sur un plateau du déshydrateur recouvert d'une feuille Teflex ou sur la plaque du four chemisée de papier sulfurisé.
5. Déposez au centre de chaque boulette une amande entière, puis appuyez légèrement dessus pour l'incruster.
6. Laissez se déshydrater pendant 2 heures à 60 °C, puis 16 heures à 47 °C.

PAIN ESSÈNE

Quoi de plus logique que de conclure ce livre en faisant un clin d'œil aux Esséniens , peuple précurseur de l'alimentation vivante ? Ils réalisaient un pain de blé germé qu'ils faisaient sécher au soleil. Voici une recette proche de ce pain de vie qui a traversé les millénaires.

Pour 4 petits pains ou 1 grand pain

200 g de blé à germer
eau de source (ou filtrée)
1 c. à s. de purée d'amande
2 c. à s. de miel doux
50 g de noisettes concassées

• Trempage : 24 h •
• Germination : 3 j •
• Préparation : 30 min •
• Séchage : 12 à 20 h (1 plateau) •
• Conservation : 2 mois •

À noter : il ne faut pas poursuivre la germination du blé jusqu'à l'apparition du germe vert (au bout de 4 à 5 jours), qui donne une saveur moins agréable que celle de la graine fraîchement germée.

1. Faites tremper le blé dans de l'eau minérale ou filtrée pendant 24 heures. • Rincez abondamment à l'eau claire, puis disposez dans un germoir ou une passoire tapissée de papier absorbant et recouverte d'une assiette. • Tous les jours pendant 3 jours, rincez à l'eau minérale. • Quand les germes du blé apparaissent (petites pointes blanches), rincez-le une dernière fois, jusqu'à ce que l'eau soit claire.

5. Mixez-le seul dans un premier temps, jusqu'à l'obtention d'une pâte épaisse et homogène.

6. Ajoutez ensuite la purée d'amande, le miel et les noisettes.

7. Divisez la pâte en 4 portions. Avec les mains légèrement mouillées, façonnez-les en forme de petits pains ovales.

8. Disposez-les sur un plateau du déshydrateur recouvert d'une feuille Teflex ou sur la plaque du four chemisée de papier sulfurisé.

9. Laissez se déshydrater pendant 2 heures à 60 °C, puis 10 heures à 47 °C (ou 3 heures à 60 °C et 17 heures à 47 °C pour un grand pain).

10. Pour consommer, fendez les petits pains en deux ou coupez-les en tranches à l'aide d'un couteau trempé dans l'eau. Nappez-les de purée d'amande et de miel, ou de fromage frais si vous réalisez une version salée.

CARNET D'ADRESSES

http://g0lubka.blogspot.com : la référence en matière de cuisine crudivore et créative (en anglais).

http://veganbio.typepad.com : un blog français très riche en informations sur l'alimentation vivante (dossiers, questions courantes, recettes...).

www.crudivorisme.com : forum sur l'alimentation végétalienne et crudivore.

www.marketveg.com : boutique proposant différents aliments crus (chocolat, crackers, graines de chia...).

www.crudessence.com : grande boutique dédiée aux amateurs de « crusine » (aliments, équipement, livres...).

http://deshydrateur.org : site comparatif sur les différents types de déshydrateurs, avec des conseils, des recettes...

http://www.fruits-seches.com

http://www.nature-vitalite.com

Achevé d'imprimé en novembre 2013